유희선 시집

꽃의 온도

불휘
미디어

시인의 말

간절하고
절박하게 첫 시집을 낸 뒤,
쫓기는 마음 없이
나의 인생과 세상을 만날 수 있었다.

나는 또다시
내가 있을 곳, 있어야 할 곳으로
떠나야 할 지점에 와 있다.

눈앞에 펼쳐진 하늘이 시시각각 아름답다.
흘러간 시간을 붙들지 않아도 나는
나를 이해한 것 같다.
질문하고 상상할 수 있었던 마법의 시간들

두 번째 시집을 빌려
나의 가족과 문우에게
사랑과 고마움을 전하고 싶다.

| 차례 |

5　　시인의 말
120　해설

제1부 사랑의 모양

12　연꽃, 아직은
14　거울을 들고 다니는 사내
16　각방
18　꽃의 온도
20　사춘기
21　사랑은 구름처럼,
22　붕어빵은 길에서 먹어야 맛있다
24　꽃과 같은,
26　맨 끝 작은 방
28　우리는 그에 대해 아는 것이 없다
30　사랑의 모양
32　무늬
34　사랑
36　호수는 비를 사랑해서

제2부 오래된 약국

38 　빗방울

40 　여좌약국

42 　겨울 여행

44 　꽃샘

46 　옹이

48 　엄마, 저는 시인이 되었어요

50 　꿈꾸는 모성

52 　오래간만입니다

54 　오늘

56 　빛나는 발목

58 　수국의 노래

60 　저녁이 오기 전에

62 　광채

64 　접시꽃 사랑

제3부 내게 없는 아름다운

66　시

68　used 유스드

70　자화상

72　부레옥잠

74　블라인드

76　영도, 흰여울마을

78　8월,

80　의자와 당나귀

82　호랑지빠귀 우는 밤

84　가로등이 많은 동네

86　어항과 모빌

88　자유시간 36g

90　지나가는 사람

제4부 구피와 타조

94 lock and lock 락엔락
96 어디로 가나
98 우산이 많은 나라
100 닭발 발톱을 깎는,
102 연애 세상
103 호수에 그림 하나
104 크고 단단한
105 꽃밭에서
107 서울 가는 길
108 우리 동네 사피엔스
110 서울 사람들
112 생의 마지막, 몇 년
114 크고 단단한 2
116 제빌, 에밀 놀데
117 구피와 타조

제1부
사랑의 모양

연꽃, 아직은

부드러운 대기 속으로
첫 스푼을
뜨고

오!
죽어도 좋아

들끓는 진창을 빠져나오는
꽃잎 한 장
아찔한 실토

물의 무덤을 깨고
뿌리 쪽과 점점 멀어지는 곳

누군가 그것을 인내라 하고, 아름다운 승화라고 할 때
분노라고 외치는 절규

지독한 아름다움으로밖에 올 수 없는
뜨거운 분노!

당신이라는 굴레,

아! 당신이 아니어도
사랑은 얼마나 많은 얼굴로 오는가

한 스푼 두 스푼 공기 속으로 깊게
꽃잎을 펼치는
또 다른 생의 무대

비릿한 물결 위로 아직은 사랑, 아직은 여름비, 아직은
실바람, 아직은……

거울을 들고 다니는 사내

바위가 따뜻해지는 시간
차가운 피를 데우는 뱀들의 시간
빛과
거울의 시간

한 청년이 거울 속에서 피어난다
우울에서 빠져나와
자화상을 그리는 시간

황홀한 도취
소용돌이치는 파편들
미처 담기기도 전에
거울 밖으로 뜨겁게 쏟아지는 에곤 실레

훔친 엄마의 전신 거울을 옆구리에 끼고

무작정 걷거나
우뚝 멈춰 서거나

뚫어지게 자신을 바라보는 집요함과 과잉의 길
악동과 천재 사이에서 분열하는
무수한 분신들,
그를 추종하는 후예들

거울을 보듯
사진 찍기에 열광한다. 빛이 작열하는 그곳엔
현기증 나는 조급한 갈망이 있다
왈칵 쏟아낸,
텅 빈 거울 속

그는 옆구리에 전신 거울을 끼고
아직 가출 중이다

각방

제발 이불을 들추지 말아 줘!

쥐도 새도 모르게 도망칠 궁리를 하는
저 구름의 작당

텅 빈 거실 한복판에서 어리둥절할 수도 있어

식별할 수 없는 부주의들
무의식들
도저히 섞일 수 없는 순간의 스파크들
저 시치미들

마치 아무 일도 없었던 것처럼, 만남과 헤어짐은
식탁에서 식탁으로
거울의 충실함으로 그곳에 나타나고 사라지고

단지 말하지 않았을 뿐,
방문을 닫고 돌아가는 긴 이별에 대해
문틈으로 새어 나오는 별빛에 대해

뒤돌아보면
나는 당신의 가장 드높은 곳에서
한 걸음 더 내디딘 사람, 오히려 그 모두가 기적이었음을

저문 밤
바람 따라 흘러가는 구름의 몸짓 같은

꽃의 온도

그곳에 입장하려면
체온을 재야 한다
이마와 손목, 때론 귓속까지

겹겹 꽃잎 속에
은밀한 사랑이라도 감추고 있는 양,
속속들이 꽃의 온도를 잰다

꽃이 피는 온도와 꽃이 지는 온도를 생각한다
햇빛과 바람을 살갗 속에 들이는
꽃이여, 사랑이여

서서히 뜨거워지거나 서서히 차가워지는 것들
한바탕 꿈에서 깨어나듯

꽃을 버리고
이파리를 버리고
더는 양보할 수 없는 지경까지 계절은 몰아칠 것이다

투쟁처럼
투병처럼
끝내 싸워 이긴 자들, 어쩌면 모든 사랑이 지나가고

나는
나로 가득 차서, 꼼짝없이
갇혀 있다

오늘 다시, 겨드랑이와 혓바닥 아래까지 샅샅이 체온을 잰다
영원히 꽃필 것 같지 않은 이상한 시간 속으로
수없이
문이 열리고 닫힌다

사춘기

성산아트홀 벽면에 길게 늘어뜨린 대형 현수막들
찢겨 날아갈 듯 펄럭거린다
허공 쪽으로 팽팽하게 부풀었다가
바람이 획 빠져나가며
수십 차례 진저리를 친다

용지호수를 반쯤 돌아 어느 구석진 벤치에서
아직 앳된 남자애가 또래의 여자애를 등 뒤에서 껴안고 있다
등과 가슴 사이에 풍선만 한 바람이
훅! 부풀었다가 납작해진다

밀고 당기는 웃음소리
까르륵 까르륵 공기를 가르는
부드러운 칼질들,
그날 밤
태풍 하기비스는 한반도를 무사히 비껴갔다

다행이라는 말 무색하게, 그 후에도 몇 차례나
가을 태풍이 이어졌다

못내,
성이 찰 때까지

사랑은 구름처럼,

저기,

옆구리가 시린 물고기처럼

구름이 구름을 희롱하더니 배가 불룩하게 처져 있다

동여매지 않은 자루 끝이 새까맣다. 스치고 간 인연처럼

벼랑 끝 알들, 구름은 발끝까지 힘을 주어

알들을 깨뜨린다

펄 펄 펄
펄 펄 펄
펄펄펄

밤새 소리 없이 다녀간

함박눈처럼

붕어빵은 길에서 먹어야 맛있다

뭐니 뭐니 해도 붕어빵은 호호 불어가며
길거리에서 먹어야 제맛인 걸…

기진맥진 집까지 따라온 한 마리
항아리에 물을 붓고 풀어주었지

그러니까 사랑도 없이 태풍인 듯, 아닌 듯
우리 사이에 수면이라는 것이 태어났지

안녕!
안녕!

거울처럼
겨울이 멈춰 있네

겨울과 거울 사이 이상한 계절에 대해
그 계절의 집요함에 대해 더는 물어볼 수 없는 일

뜨거워지지 않는 입술로

안전하게 닮아가는 거울일지도

그렇다고 거리의 붕어빵이 사라지지도 않지
지칠 줄 모르는 청춘처럼
뜨겁게 돌아가는 틀 속에서 습관적으로 피어나고
갈등 없이 피어나고

찰랑찰랑
수면 위로 튀어 오르는 저 뜨거운 낭만들

반짝 날린 눈발처럼
아무 일도
없었던 것처럼

꽃과 같은,

꽃을 본다

꽃병의 고요 속에서
꽃은 어떻게 지는 것일까

꽃을 응시할 때는 일어나지 않는 일
공기만이 느끼는 아뜩한 진동

울렁울렁
쉼 없이 퍼져나가는
꽃의 숨결
헐떡임

누가 꽃에 돌을 던지는 것일까

수면 위에 돌을 던지듯
저 허공의
동심원
한 떨기 파문

파문, 파문, 파문……

그때 이별하는 중에
이별을 모르고
여기, 꽃의 육체를 두고 파문이 뭉개지듯이

작은 돌, 조금 큰 돌, 아주 큰 돌
크고 작은 기대와 다툼들

사람의 말보다 공손한 꽃의 말로 전하는
한 떨기 사랑,
사랑의 모양과 색깔들

네가 온 이유처럼
그렇게 다시, 바닥을 모르고 떨어지는 돌멩이
흙빛 돌멩이들

맨 끝 작은 방

무릇,
꽃무릇
유리로 지은 집
부끄러움도 잠깐
늦여름 반란처럼 불꽃 튀는 난장

낮과 밤 서로 다른 얼굴로
무릇,
꽃무릇
앵그르의 붓질로 다시 한번 뜨거워진
터키탕*의 나부裸婦들처럼
파르르 떨리는 주홍빛 속눈썹
가을 직전의 높은 파고

유리문이
쾅! 닫힌 쪽으로
깃털처럼 날리는 자욱한 파편들
신기루처럼 휙 지나간
최소한의 계절,

참담은 이런 것인지도 모른다
거미줄 같은 시선에 붙들려
너무 많은 것을 보았다

무릇,
꽃무릇
실오라기 하나 남기지 않은
그 여름의
작은 방

*장 오귀스트 도미니크 앵그르가 82세에 그린 〈터키탕(1862)〉

우리는 그에 대해 아는 것이 없다
- 칠면조를 짊어지고 가는 농부*

1
그는 늘 뒷모습이다
등 자루에 실린 칠면조는 팔러 가는 것일까
흰옷을 입은 오른쪽 다리에 힘이 잔뜩 실려 있다
툭 터진 자루 양쪽으로 칠면조 머리와 검은색 꼬리 깃털이 나와 있다
활활 타오르는 모가지, 지옥을 오고 가는
그녀의 지독한 사랑과 환멸
출렁일 때마다 핏빛 낭자한 붓질, 현기증 나는 노란 반달이 뜨고
휠체어가 굴러가고
수군거리며 부풀려지는 나쁜 남자 이야기
사내는 뒤돌아보지 않고
밑이 축 처진 자루를 다시 한번 힘껏 잡아당긴다
어쩌면 집으로 돌아가는 것일까. 우리는 그에 대해 아는 것이 없다
왼발 뒤꿈치가 들리고

2
아파트 경비 아저씨가 소주병으로 화단 울타리를 만든다
누군가 공산주의 선언을 하던 어느 경건한 날의 아침처럼
병 부리를 날카롭게 깨뜨려
땅에 묻고 있다. 일생을 흘려버리고
뭉툭하게 박힌 빈 병들, 무수히 지나쳐간 경비아저씨처럼
우리는 그들에 대해 아는 것이 없다
순간, 관통하는 빛줄기
병 속 뿌리가 깊다

3
투박한 검은 맨발의 그는
몇 세대를 걸어가는 오래된 나무, 길들인 적 없는
붉은 몸짓, 첫눈에 빠진 소녀는 전설적 여인이 되었다
비틀린 가느다란 두 다리가 시큼하게 농익는 자루 속에서
달처럼 미끈하다
둥둥 떠간다
그는 늘 뒷모습이고
우리는 그에 대해 아는 것이 없다

*디에고 리베라 (멕시코의 민중화가, 프리다 칼로의 남편) 1944년 作

사랑의 모양

사랑한다고 했지
사랑을 모르는
사랑, 식은 죽처럼 조숙한
사랑

그곳에서는 일곱 살에 첫 경험을 하기도 하지
사랑의 모양이 정해지지
가령, 정지선에 멈춰 섰다가 느닷없이 받치는 사고처럼
생각보다 가까운 곳에서 일어나지

하룻밤 새에도 몸과 마음이 폭풍 성장하지
음악은 벼락처럼 떨어지고
한없이 웃자라지
사랑을 사랑하는
사랑, 사랑이 사랑을 끝장내는
사랑

층층
나뭇잎을 뚫고

빗방울 후드득 떨어지네
좁은 숲길로 낮게 날아가는 까마귀들
휙, 휙,
늙은 새의 지혜를 낚아채지 못하고
그림자와 한몸이 된
사랑

빛과 죽음 사이
도취하지
얕은 웅덩이에 비친 사랑의 모양
사랑을 모르는, 오롯이
혼자인
사랑

그는 늘 사랑한다고 했지

무늬

피카소가 옳았다
그는 결코 시간을 허비하지 않았다
어쩌면 머리에 피도 마르지 않았을 때
이브의 열매를 따 먹고
사람의 얼굴 속에 또 다른 얼굴이 있다는 것을 간파하였다
추상 세계에서도 오래 뭉그적거리지 않았다
열매는 따 먹을수록 더 많이 열릴까
꿰뚫어 볼수록
거룩한 것도 속된 것도 없었다
꿈이었고
사랑이었고
무수한 조각들이었다
그의 손은 흐르는 물속처럼 뭉개져 보였다
따라갈 수 없는 속도로 지상에 펼치는 총천연색 무늬들
진실이란 캔버스에 있는 것이 아니었다
그 너머를 향한 멈출 수 없는
몸짓들
한곳에 머무르지 않는 바람의 영역들
피카소가 진정 옳았다

나는 하나의 시선에 너무 오래 붙들려 있었다
순수와 무지는 질병과도 같은 것
그 시선의 마지막 환멸까지 낱낱이 해체하는데
반생이 걸렸다
백치의 장막을 찢고 이제는 떠나갈 때
지상을 박차고 날아가는
유쾌한
창조의 시간
피카소는 영원히 옳을 것이다
빛나는 조각들은
무늬 속에서
완벽하게 공평하다

사랑

장식장 속에서 크리스털 꽃병을 꺼낸다
유리문 안팎의 온도 차이, 어쩌면 사랑은 이미 시작된 것이다

아무 계통 없이 묶인 색색의 꽃들
몇 겹의 포장으로 부족했는지
마무리는 언제나 크고 화려한 리본으로 장식되어 배달된다

크리스털 꽃병에 물을 가득 채우고
주름진 물을 깨우기 위해 얼음과 아스피린 캡슐을 풀어 넣고
잠시 숨을 깊게 들이마시면

들판 너머에서 불어오는 비릿한 냄새
두 눈을 감고서도 발가벗길 수 있는 그것은
기억 저편으로부터 물려받은 물속에서의 일들

찬란한 빛 모두 사그라져, 어느 마지막 꽃에서
썩은 냄새가 날 때까지
그것은 꽃도 꽃병도 아닌, 물이 벌이는 고요한 분주함

물이 키우는 기대와 의심들
불꽃과 거품의 기꺼운 순간들

깊은 잠
꿈속의 일처럼
눈을 감아도 잠들지 않는 물속의 일들

물을 갈아준다
어느 날은
꽃도 꽃병도 없이

호수는 비를 사랑해서

봄비 내리는 호수
수면 가득
주근깨들

바늘구멍으로
동그랗게 내뱉는
봄
봄
봄

감질나게 제 속을 보여주는
호수는, 비를 사랑하고
사랑해서

내 귀에 들리는 수줍은 표정
첫사랑에 눈뜨는
봄
봄

송홧가루 노랗게 떠밀리는 나른한 오후
꿈속을 휘저으며
화들짝 깜빡이는 눈꺼풀들

제2부
오래된 약국

빗방울

나무는 보고 있다

수면으로
떨어지는 비가,

빗방울이 되는 순간을

동그랗게 부풀려 몸을 갖는 순간을

뼈에서 나온 뼈로
살에서 나온 살로

몸과 몸이 끌어안는 순간을

터져 나오는
탄성!
사랑의 변주가 일어나기 직전의 찰나를

나무는 알게 된다

그림을 그리는 늙은 모네가
그림을 그리는 젊은 날의 모네를 보듯이

빗방울 같은 찰나의 무수한 언약을

불꽃 튀듯 사랑하던 그의 아내 카미유가 눈을 감았을 때도
미친 듯이 그림을 그리던
이미 다른 여인을 사랑하던

파문, 파문, 물의 정원에 퍼져나가는 파문들

누군가 메모지 위에 작은 돌멩이를 올려놓고 떠난 자리처럼
얼비치는 얼굴 위로

후드득!

빗방울이 떨어진다

여좌약국

늘어진 터틀넥 스웨터처럼
막바지는 늘 그랬다. 이유도 많아서

긴 골목 끝에서 서성거리고 있는
질긴 인연들

추운 건지, 아픈 건지
헐렁하게
늙어가는 골목길은 서두르는 게 없어서

극적인 이별도 없다. 얼마나 힘차게 달려가야
맨 처음의 그를 만날 수 있을까

벗어던진 터틀넥 스웨터를 다시 집어 드는 날처럼
어쩌면 겨울이어서 더 따뜻했던 어느 막다른 골목길

진해 여좌동 여좌천엔 아직 꽃이 피지 않았다

봄은

그냥 오는 것이 아니어서

아침부터 저녁까지 불을 환히 켜 놓은 여좌약국

우리는 몇 번쯤 이별을 해야
이 골목을 빠져나갈 수 있을까

꽃으로 와서
꽃으로 가는

길모퉁이에는
오래된 약국이 있다

겨울 여행

그녀는 이십 대에도 입지 못했다는 핫팬츠를 입고 한낮의 바닷가를 거닌다
늘 헐렁한 옷을 즐겨 입던 또 한 친구는 웨딩드레스를 입은 사진을 보여주었다
우리는 모두 환갑을 코앞에 두고 있었다

새하얀 드레스를 입은 친구의 곧 사라질 살들은
아직 보정되지 않은 채 거기 그대로 있었다

드러낸 맨살을
나이테 같은 그것을
훅, 체취가 풍기는 어떤 내력을
익명이 되기 직전의 것들을

익명이란 공평해진다는 것, 구분 없이 우리들 머리 위에
흰 눈이 내린다는 것
바닷가 도시로 훌쩍 떠난 그녀가
순간순간 아들이 먼저 떠났다는 사실을 잊을 수 있는 것

찬바람에 흩날리는 눈송이가 눈으로, 코로, 귓바퀴로 팽그르르 스치고는
그 누구도 왈가불가하지 않는
적막 속으로 스민다

마지막 커브 길처럼 끔찍하게 아름다운
공허하게 빛나는

가난한 갈망과 무모한 결심
어쩌면 우리가 태생부터 가지고 왔던 긴 기다림

누구나 겨울 여행을 떠나는 것은 아니다
저기, 또 한 사람
아무 채비도 없이 폭설 내리는 사랑의 배를 탄다

꽃샘

롱패딩을 입은 젊은 여자가
맨발에 슬리퍼를 신고 찻길을 무단 횡단한다
막, 은행 문을 밀고 나온 계절처럼

봄에는
봄만 있는 것이 아닌 듯
사계절이 묵은 빛처럼 뒤섞여 온다

연년생 언니의 까닭 모를 트집도
생트집만은 아니었을 것이다

갓난아이 젖을 모조리 말려
핏덩이로 들어선 악착은
엄마 것인가, 내 것인가?

뒤늦은 질문에
겹겹, 뒤섞여 오는
꽃과 꽃샘바람

태중에서부터 시작된 오래된 빈정은
온 생애를 거느리고 온다

누가 빼앗고
누가 빼앗겼는지
눈먼 사랑과 눈먼 바람의 뿌리가
사사건건 깊고 깊다

오래 억눌린 바람의 말은 어눌하다
어쩌면 내게도 묵은 빚이 지워져 있었음을
이제야 바람의 말이 조금씩 들려온다

너무 일찍 품에서 내몰린 그때의 바람일까
꽃이 끌어안는다
서둘러 꽃이 지는 이유라도 되듯이

옹이

1
스카프가 길가에 떨어져 있다
누군가 금방이라도 허둥지둥 되돌아올 것 같아
벚나무 가지에 꽁꽁 묶는다
따스한 기억 몇 줄기 허공의 긴 목을 감싸며 흩날린다
뒤돌아보지 않는 사람 때문에
스카프는 이제 스카프가 아니다
찢겨 펄럭이던 끄나풀들 모두 날아가고
그곳에 매어놓은 사람만 찾아와
새로운 길을 낸다

2
온기는 사라지고
옹이만 남긴 그곳
의식이 남은 마지막 순간이었을 것이다
위독하다는 소식에
낮밤을 달려 도착한 중환자실에서
손과 손이 나눈 그 전부의 말
나뭇가지 부러지며

뜨겁게 전한 아버지의
모든 말, 나무는 아버지처럼 다정하고 단호해서
뒤돌아보지 않는다

3
닿을 수 없는 나무의 길에
옹이는
한가지 사건,
한가지 기억,
한가지 약속 같은 거,
누군가 흘리고 간 것을
시로 태어나길 작정한 것을
바람은 풀고
시인은 다시 묶는다

엄마, 저는 시인이 되었어요

엄마, 배롱나무꽃이 다 지기 전에
우리도 남들처럼 설거지해요
미처 씻지 못한 그릇들을 설거지해요

친구는 구십 노모와 지나간 날들을 설거지하고 있어요
씻고 또 씻어서 뽀드득 소리가 나요. 엎어 놓은 그릇처럼
그들에겐 고인 말들이 없어요

엄마, 배롱나무에 가을 장맛비가 내리고 있어요
차마, 못다 한 말들 붉게 어룽져 흘러가고 있어요
구멍에서 구멍으로 아득히 흘러가요

구멍을 감추기 위해 피고 지는 꽃들이
내년에는 더 많은 꽃으로 온다는 것이 슬퍼요

눈 감고 귀 닫은 먼 곳에서 꽃들은 더 무성해지고
닿을 수 없는 슬픈 엄마를, 한 여자를 상상해요
제가 시인이 된 이유를 생각해요

머나먼 그곳과 이곳에서 우리는 쌍둥이처럼 늙어가고 있어요
그러니까 엄마, 온몸의 울음 터뜨려요

찬란한 꽃 속이 무덤 속처럼 깜깜했던 비애를
어루만질 영혼을 감쪽같이 실종시켜버린 잘못을
홀로 품고 삭였을 더께 앉은 한 생애의 그릇을

엄마, 저는 시인이 되었어요
슬픔이 깨끗해질 때까지
내 두 귀로 생생히 받겠어요

붉고 흰 배롱나무꽃들이 뭉턱뭉턱 지고 있어요

꿈꾸는 모성

자란다 자란다 아라우카리아*

책상 위 작은 화분 속에서
자란다 자란다

이름을 부를수록 붐비는 곳을 지나

딸이 보낸 사진 속의 아라우카리아는 싱싱하고

자꾸만 키가 크는 아라우카리아는
창가 쪽 바닥으로 이사했다

심장이 내려앉듯
쿵!
푸짐한 공간을 부여받는 것, 딸이 맞이한 서른셋의 나이처럼
옮겨지고 옮겨가는 것

그 숫자는 다리 세 개의 의자처럼 안정적이고도

부족한 그 무엇이어서, 어쩌면 짙은 새벽 안개 속
물 같은 사랑

머리카락을 적시고 굴곡진 가슴을 타고 발끝까지 흘러
아라우카리아 푸른 잎사귀 천장까지 닿으면

딸은 큰 배를 얻어 타고 먼바다를 항해하려나!
제 키보다 큰 아라우카리아를 품에 안고
하늘 찌를 듯 키가 크는 노포크섬 고향 들판에 심어주려나

꿈꾸는 씨앗은 바람을 타고 멀리멀리 날아가겠지
자란다 자란다 아라우카리아

넘치는 사랑은 스스로
길이 되어 흐른다

*아라우카리아(아레오 카레아)는 호주의 노포크섬(Norfolk Island)이 원산지인 원뿔형의 상록수, 실내에서 관상용이나 탁월한 공기청정 기능용으로 재배

오래간만입니다

'안녕하세요? 또 만났군요.' 가수 장미화는 이 노래에
넌더리가 난다고 했다

밥줄이고,
감옥이던,

아름다운 장미 정원에는 자물통이 채워지고

짙은 화장과 치렁치렁한 장신구를 휘감고
어느 변두리 무대에서

'안녕하세요? 또 만났군요.'

일흔 살이란 또 다른 품종의 장미일까?

오랜 다정과 쓸쓸함 사이
낯선 장미의 계절

징글맞게 피어나던 장미는

장미의 속도를 따라잡지 못하고

스치듯 건네는 인사, 어느새 시선은 딴 곳을 향해
획획 지나치며

"오래간만입니다."

자작자작 졸아드는 끓는 냄비처럼, 해는 어제보다 짧아지고
가장자리부터 까맣게 사라져가는 노래들

장미가 장미를 잊고
장미가 장미를 견디는

오늘

방금 사 온 말랑말랑한 약밥을 냉동실에 넣기는 쉽지 않은 일
그것은 미래에 속해 있는 일

그날이 오늘이 될지는 더더욱 모를 일
오늘따라
저절로 말랑해지는 약밥이 신기한
오후 2시 15분

목구멍을 타고
1초 2초 3초

구피가 수조에서 튀어나와
바닥에서 요동치던 초 단위의 영원

미동조차 없는 물고기를 급하게 수조에 넣어주자 거짓말처럼
헤엄을 친다

몸은 죽고 감각은 살아 있는,
피는 차갑고 지느러미는 뜨거운,

생과 사의 무수한 착각들. 살았다고 믿었던 물고기는 이틀 뒤 물 위로 둥둥 떠올랐다

어디로 가야 할까, 나는 나를 저장하고

내일의 몰랑한 죽음을 위한
오늘의 선택들

빛나는 발목

양말목이 짧아졌다
굴러가는 낙엽만 봐도 깔깔거린다는 소녀들의 눈부신 발목

시절과 시대에 아랑곳없이,

의심 많은 노인들은 양말목을 끝까지 잡아 올린다
의견이 분분한 사이로
나뭇잎이 떨어지기 시작한다

우르르 골목을 누비며 높은 축대에서 뛰어내리던
아이들의 두근거리는 발목처럼
공기를 잔뜩 머금은 나뭇잎들 명랑한 점프를 한다

우쭐함과 짜릿함이 온몸에 퍼지는 듯, 그런 날은 집에 돌아와
죽은 듯이 잠들었다 내일을 걱정하지 않는 투명한 발목과
터널 끝 찬란함에 결코 현혹되지 않는 노회老獪한 발목 사이에서

순간, 아찔하다
어느 쪽이 바닥인가

날개 달린 저 무수한 시간들 낱낱이 날아올라
여기 이곳에, 다시 당도하기까지

  무중력과 중력 사이의 길목을 빠져나가는 단 몇 초, 아득한 풍경 속에
  멈추어 선 시간의 발목

  계절이 계절을 의심하며 주춤거리던 찬바람이
  휑한 발목을 스치고 간다

  나무도 몇 개의 양말목은 끝까지 끄응 잡아 올린다

수국의 노래

수국은 지지 않네

덜컹덜컹
덧창이 열렸다 닫혔다 하네

"거기 누구 없어요?"

붉은 단풍나무 아래로
묵묵부답!
묵묵부답!

어디선가 어깨동무한 아이들 말꼬리마다

'때문에~'

'때문에~'

떼창하며 우르르 몰려가네. 멀어져가는 웃음소리 따라
덩달아 불러본다네

수국은 아직 여기 있다네. 때문에~

덧창을 닫아주고 싶다네. 때문에~

그 환한 외침에
아름다운 수국은 꽃구름으로 다시 피어난다네. 수줍던 추억 속으로
거꾸로 굴러가는 둥근 시간

꽃은 꽃의 고리를 풀지 못한다네
꽃무덤을 싣고 겨울 문턱까지 덜컹거린다네

한 움큼씩 움퍽!
허공이
패인다네

저녁이 오기 전에

해가 지는 긴 산마루를 성근 머리카락으로 간신히 덮어
놓았다
 불을 켜놓은 듯
 안쪽이 훤히 보였다

 이마에 붙인 반창고 때문만은 아니었다
 솔숲에 낮게 걸린 태양이 아슬아슬했다
 남은 해를 보겠다는 의지에 불타 갑작스레 산길을 뛰어
오르듯이

 한달음에 달려
 멀고 먼 시간과 마주 섰다
 미명의 수줍음 속에서 아무것도 비추지 못했던
 그 새벽의 어린 태양을 기념하는 날이
 바로 오늘인 것을,

 그는 반창고 두 개를 차례로 떼어 보여주었다
 어쩌면 그것이 저녁이 오기 전에 나를 찾은 진짜 이유였
을 것이다

골 깊은 길들이 연안으로 퍼지며
얼굴 가득 부드러운 표정으로 흔들렸다

비껴간 한 걸음이 거느리고 온
세상에서 가장 긴 하루의 가장 짧은 인사
그 옛날의 오늘이었다

서쪽 하늘 너머 부드러운 등덜미로 떨어지는
지는 해의 두근거리는 심장을 정면으로 볼 수 없어서
한참을 흘겨보았다

우리의 유치한 몸짓이 사소한 기적처럼 좋았다
맞바꿀 것 없는 깨끗한 빈손으로
저녁이 오고 있었다

광채

힐끔 돌아보는 찰나

괴성을 내지르며
꿩 두 마리
혼비백산 날아갔다

무덤 위였다. 사람 키만큼 자란 덤불 속에서
치열했을 짝짓기

봉분을 박차고
한 획 섬광으로 사라졌다

허공의 품속에는
숨을 곳을 감춰두었다. 이쪽에서 저쪽 너머
날카롭고 깊게 베인 곳으로

흘러넘치는 광채
숲이 진저리를 친다

덩치 큰 새들이
초 단위로 건너가는 빛의 자국들

숲이 기억하는
어머니의 가슴

아무도 모르게 다시 토해낸
수꿩과 까투리 한쌍
덤불 속으로 유유히 사라진다

접시꽃 사랑

접시꽃이 피었다
붉은 접시에 노란 꽃가루
누군가 다녀간 자리

다 가져가지 못한 마음이
접시에 담겨 있다

빛바랜 사진처럼
목을 길게 빼는 접시꽃
지나간 한 묶음의 시들

사랑은 어느 한 철의 습작처럼
애잔한 얼굴이다
뻐꾸기 울음에 층층 적막 소리 깊어간다

떨어뜨리면 깨질 듯
난간 사이로
바람도 유순한 유월

제3부
내게 없는 아름다운

시

들판의 깨를 털고 볶아
참기름병에 옮겨 담듯이

시란 그런 것인지도 몰라
한 방울의 기름도 바닥에 흘리지 않고, 오직 놀랍도록 신기한 것은

내게 없는 아름다운 것

세상엔 참기름 같은 것이 너무 많아서
작고 투명한 병에 부지런히 옮겨 담게 되었지

시장에 나가 장바구니 가득 담아온 것들을
냉장고에 옮기고, 또 당신의 네모난 도시락 통 속에
삼십 년을 옮겨 담으니

나는 매일 아침 시를 생각해
칸칸마다 넘치지도 부족하지도 않은 찬들을 넣으며

우리의 삶과 사랑과 시가
소꿉장난처럼
재밌고도 지루한 놀이라는 것을

누가 이토록 많은 병을 만들었을까?
무엇인가를 옮겨 담을 때에는 흔들리면 안되는 병들, 오로지
서로에게 사로잡혀 몰두해야 한다는 것을
숨죽여야만 한다는 것을

꼭 한 번은 성공시키고 싶었어
방울방울 곧 사라져버릴지라도

귀를 쫑긋 세운 당신에게 고소하게 흘러가는 시간이길

used 유스드

문예지에서 한 편의 시를 발견했다
오늘의 소득이었다

그것은 인내심이 필요한 작업이다. 온통
헌것 같은 새것들
새것 같은 헌것들

문득, 아름다운 가게가 떠오른다
오며 가며 발품을 팔아야만 한 번씩 행운을 잡을 수 있다

변덕인지 절제인지 하물며 죽음이 부른 것인지 그 출처를 모른 채
허울로만 짐작한다

비록 선택의 순간이 착란일지라도,
일생을 걸쳐 당도한 한 편의 짧은 시가

그 빈번한 죽음을 뚫고

늙은 물고기처럼 끝까지 살아남을 수 있는 기적을 상상
한다

  오늘은 당신에게
  내일은 또 다른 당신에게

  제 주인을 알아보는 밝은 눈들이 반짝 빛난다
  꿈꾸는 아름다운 여정, 적막한 그곳에 가면 아직 손타지
않은 것들이
  오래 기다리며 남루해지고 있다

  끝나지 않은 이야기들이
  여울져 흐른다

자화상

오래간만이라는 인사에
작은 겨자씨가 묻어왔다

바람 불지 않는 곳, 날아가지 못한 씨앗은
도둑처럼 발이 저리다

오늘은 예수님도 같은 인사를 하신다
그러니까 오래간만이라는 인사에는 절대 오래간만이면 안 될
나무람이 있다
자매들의 조심스런 힐책이 있다

어디서 무얼 하고 있었을까. 세상의 모든 길은
왜 갈림길이라 생각했을까

회피하고 외면하며 다다른 막다른 길
갈 곳 없는 무거운 꽃들이 폐지처럼 날리는 하얀바다*
획, 획, 파도에 무너지는
쓸쓸한 시선들

어디로 가야 하나

신께 바쳤던 절박한 기도가
오랜 망각 끝에 떠오른다

지느러미여, 날개여, 나의 소명이여
한 그루 나무여!

건너뛸 수 없는 푸르른 공백에
오늘의 겨자씨 한 톨을
꼭꼭 심는다

*『하얀바다』 첫 시집

부레옥잠

"네 이름이 무엇이냐?"
하고 물으시자
그가 "제 이름은 군대입니다. 저의 수가 많기 때문입니다."
"저희를 돼지들에게 보내시어 그 속으로 들어가게 해 주십시오."
이천 마리쯤 되는 돼지 떼가 호수를 향해 비탈을 내리 달려*

순식간에 호수를 뒤덮었다
서로를 짓밟기 시작하자
팽팽하게 부풀어 오르는 가죽 부레, 물고기의 그것을 꿰차고

서둘러 가는 곳 어디인가

사람과 짐승에서 번진 꽃들의 맹렬한 전쟁
태양을 움켜쥐고
꿀꿀꿀꿀
닥치는 대로 먹어치운다. 최초의 선의는 모두 사라지고

수면 위에는 햇빛 한 줌, 바람 한 점 닿을 수 없는
거대한 꽃의 장막이 드리워졌다

종種을 분간할 수 없이
얼굴을 바꿔가며
검은 물속에서 들끓고 부유하는

오! 뉘우침이 없는 곳

한 어부가 새벽 물안개 속으로 노를 저어간다

그는 그림 속 풍경처럼 고요히
썩은 뿌리들을 작은 배에 건져 올리고 있다

*마르 5. 9~13 중에서 발췌

블라인드

나는 기차표와 앳된 군인의 얼굴을 번갈아 보았다
그는 세상모르고 잠들어 있다. 나는 어쩔 수 없이
통로 쪽에 앉았다. 창턱까지 내려진 스크린을 차마 올리지 못하고 눈을 감았다

오랜만에 만난 그 시인은 등단 후에도 몇 차례 도전을 멈추지 않더니
아동문학으로 신춘 준비를 한다고 했었다
"뭐 할 게 없잖아요?" 시인의 말은 담백했다

기름기가 쫙 빠진 그녀의 말처럼 기차는 내달리고
이어폰을 귀에 꽂은 철벽같은 군인의 잠 속으로
끝없는 음악이 흐르고 있다는 것을 의심하지 않듯이

많이 읽고 많이 쓰는 것밖에는 없었을 것이다. 하나를 얻기 위해
열 개를 버리는 이상한 셈법으로 시를 쓰며
좁고 가팔라지는 길

들숨 날숨으로 가득찬
이 좁은 통로에서
장르를 바꿔가며 증식되는 창 안쪽의 풍경들, 우리의 관심은
오로지 상행인가, 하행인가에 쏠려 있다

음악이 흐르는 저 깜깜하고 달콤한 잠의 철벽 너머
시속 284킬로미터 구간을 관통하며 기차는 가던 길을 재촉한다

"뭐 할 게 없잖아요?" 쟁쟁거리며
차창 밖의 살뜰한 풍경들이 뭉개지고 있다

여기는 어디쯤일까? 예약되었던 지정석의 의미는
이미 사라진 듯,
심연으로의 긴 여행이다

나는 블라인드 쪽으로 가만히 팔을 뻗어본다

영도, 흰여울마을

그 집 아뜩한 난간에는 네 개의 발을 간신히 올려놓은
상아빛 욕조가 있다. 정신 줄을 놓고 물밀듯 떠밀려 왔던
영도 바닷가

끝은 끝이 아니라는 듯, 이상하고 아름다운 욕조
욕조는 욕조로 다시 태어날 수 있을까?

몸통에서 미끈하게 빠져나온 네 개의 다리와 인어 비늘
이 조각된 미로 속에서, 욕조는 창문이다. 바람개비이다. 페
인트다. 기다림이다. 지겨움이다. 뜨거움이다. 차가움이다.
깨끗한 네 개의 발이다

우리는 아직 액자소설 속에 들어와 있다는 것을 모르고,
가난과 갈망은 단순한 이야기가 아니다

진부한 겹겹의 액자가 공간 이동을 어렵게 한다
저 높은 곳의 자세, 내용보다는 분명한 윤곽으로 버티는
것에 대해

산복도로에 사는 그 누구도 시원한 답을 해주는 사람 없다
바닥난 마음 넘치도록 출렁이면 얼굴을 처박고

고무마개를 낚아챘을 것이다. 마을 전체가 욕조에 잠겨
소용돌이치며 휜여울지는 곳, 바다의 것은 바다의 것으로
순식간에 흘러가고

덩그러니 떠오르는

한 마을의 지난한 윤곽,
육지와 바다 사이에 깔때기 속 세상처럼 고요한 액자가
걸린다

8월,

무더위가 기승을 부린다
병이 자라듯
가시박 덩굴이 자란다

골수이식을 마친
정환이의 혈우병이 재발되었다

이번 고비도 잘 넘기고 돌아오겠다던 스물여섯 살 정환이가
무균실 인큐베이터에서 사투를 벌이고 있다

한쪽이 죽어야 끝나는 싸움닭처럼
잔혹한 결투 중이다

집요한 본색을 드러내며 무균실 숨통을 조여온다
피를 본 쪽은 정환이었다

갈퀴손으로 하늘을 가리고
붉은 피를 마시는

짱짱한 여름

뜨겁게 달아오른 진공관 속
타들어 가는 불꽃,
피는 왜 멈추지 않는 것일까

눈을 감으면 온통 엉겅퀴밭
넝쿨의 표정도 사람의 표정도 아닌 온통 엉겅퀴밭

가파르게 치닫는
8월의 노래 너머로

새파랗게 뜯겨나간 하늘 한 조각

의자와 당나귀

1

성당에는 의자가 많다. 아무도 의자를 짊어지고 들어간 사람 없는데
저마다 하나의 의자에 집착한다
그 자리가 아니면 먼지처럼 일어나는 분심들……
신앙도 습관일까? 의자는 안달하지 않고, 성내지 않고, 길들이지 않는데
의자만큼 많은 신앙들
오른쪽, 왼쪽, 앞과 뒤, 제 무덤을 찾아 들어가는 혼령들처럼 일사불란하다

2

당나귀는 참고 견딘다. 기원전 사천 년 전부터
한 마리 의자다
실려가는 가죽 자루에는 시장에 내다팔 사탕수수가 가득 담겨 있다
길을 가다 풀을 뜯어 먹기도 하고, 발정나면 흥분해서 뜀박질을 한다

우르르 오른쪽으로 쏠리고
우르르 왼쪽으로 쏠리고
기우뚱, 갈피를 잡지 못하는 어지러운 마음
당나귀가 넘어지면 낭패다. 늘 그렇듯이
뒤따라가던 에티오피아 산간 아낙들 오른쪽 사탕수수를 몇 개 꺼내
왼쪽으로 옮겨준다

3
성당에는 의자가 많다
뒤돌아보지 않아도
천사의 목소리를 들을 때가 있다. 우둔한 나귀 귀가 하늘로 당겨져
점점 더 커질 때이다
얼굴보다 뒤통수가 더 화끈거린다

호랑지빠귀 우는 밤

맹인 안마사가 휘슬을 불며 명륜동 골목길을 지나간다
새까만 안경알 속으로
으스스 깊어가던 유월

모자부터 발끝까지 까만 밤의 천사에게
온몸을 맡기고,
죽은 듯이 누워있는 아버지
뼛속까지 환해졌을까

이쪽 끝에서 저쪽 끝으로 늘씬하게 관통하는
뾰족하고 날카로운 소리 너머, 황홀한 비명을 지르며
날아오르는 이야기

묵은 빚 독촉 길처럼 오십 년쯤은 한달음에
떼로 몰려오는 호랑지빠귀들

내 목소리에 질려 귀를 막아버리는
돌같이 단단한 밤
자판에 죽은 듯이 돌아누운 환幻의 세계,

아버지가 살아계셨던 것도
전생 같은

무엇을 보라 하는 것일까
어디에 힘을 주라고 하는 것일까

캄캄한 유년의 골목길을 아직도 다 빠져나가지 못하고
끊어질 듯 은빛 휘슬을 불고 있는 호랑지빠귀
지팡이로 돌멩이를 툭툭 치며 새벽 세 시를 건너간다

먹통 눈알에 동그랗게 고이는 빛들
까마득히 높은 천장을 가진
새 한 마리 풀어놓고

무릎을 치고 내가 나를 박차고 오를 때까지
요동치는 소리,
소리들

가로등이 많은 동네

가로등이 많아졌다
많아지고 많아져서 너무 많은 것이 되어가는 것들
복숭아나무에 복숭아 열리듯
구분할 수 없는 것들
이름 없는 것들

어제는 저곳, 오늘은 이곳, 돌아가며
탈이 나는 것들
다급한 것들
속이 까맣게 타들어 가며 점멸하는 것들
비로소 발견되는 것들

내 머릿속도 가로등이 점점 많아지는 작은 동네 같다
절실함의 길 끝에서 탐스럽게 익어가는 것들
길을 잃지 않으려 매달려 있는 것들
바람 잘 날 없이, 이미
충분한 것들

농익은 한 걸음 더 내디디며 제 발등을 찧는

주체할 수 없는 출산 욕구
이미 사랑받기를 포기한 것들
손닿지 않는 곳에서
환멸인 듯 쾌락인 듯 깜빡이는 것들

심연의 어둠을 관통하며
존재를 밝힌
열매들,
그 많은 시는 어디로 갔을까?
단단한 복숭아 같은 한낮에는 발견되지 않는 것들
이빨이 들어가지도 않던 것들

어항과 모빌

보시니 참 좋았던 그 아득한 날들처럼
어항 앞을 떠나지 못하던 날들이 있었다

일곱 마리의 물고기가 먼지처럼 일어나자
크고 단단한 놈들이 닥치는 대로 새끼를 잡아먹으며 씨를 말렸다

새끼를 받아본 게 언제였을까?
문득, 어항 속의 물고기와 모빌에 대해 생각한다

갔던 곳을 되돌아오고
왔던 곳에서 또 되돌아가고

만나를 받아먹던 그들의 끊임없는 불평불만처럼
조금도 새로울 것 없는 지루한 풍경

어항은 물고기들과 함께 늙어간다
저 물고기들에게도 두려움이 남아 있을까

렘브란트와 뭉크는 거실에 파묻혀 여전히 자화상을 그리고
나는 세례를 받고 사십 년이 흘러서야
처음 성서 통독을 결심했다

판관기를 지나
사무엘기로 건너가도
젖과 꿀이 흐르는 땅은 피비린내로 물들어 있다

동쪽 끝에서 서쪽 끝으로, 서쪽 끝에서 동쪽 끝으로
끊임없이 배반하고 회귀하는 일생

보시기에 참 좋았던 그날은 다시 올 수 있을까?
 탄성을 지으며 물고기 하나하나에 새로운 이름을 지어주던
날처럼

사방은 유리벽, 여러 개로 쪼개진 소리 없는 하늘에 매달려
물고기들은 여전히 모빌 흉내를 내고 있다

자유시간 36 g

시가 되기 위해 매달려 있는 사물들
A는 B, B는 C, C는 D…
끝나지 않는 비유와 진술의 세계, 가장 쉬운 것들이
어려워진다

점점 난이도 높아지는 공기놀이처럼
허공 높이 공깃돌을 띄워 올려야 단숨에, 손아귀 가득
쓸어 담듯이
멀리 떨어진 F는 A, Q는 B, X는 C…

깨진 벽돌과 기왓장을 매끄럽게 갈아서 만들어 놓았던
공깃돌처럼
 놀이가 끝나야
 비로소
 시에서 풀려나는 사물들

나는 나의 습관화된 의인화와 연민에 대해서 생각한다
좁은 문 앞에 일렬로 서 있는
시와 시인들이 보인다

인간이 인간답기 위해 죽을 때까지 배워야 한다는 말처럼
서글프다

얽히고설킨 먼 길 에돌아
우리 모두가 태어났을 때부터 시인이었던 때를 상상하는
자유시간 36g, 미니 초코바 한 개의 달콤함처럼
단순한 기쁨!

살아가는 일보다 앞서가려는
강박 같은 시편들
이제 막, 한고비 넘었을 뿐이다

지나가는 사람

제발,
지난밤의 모든 역을 함께 통과한 듯
민낯을 보여주지 않기를
막무가내인 그녀는, 고무줄 같은 궤도를 탱탱하게 늘이고 있다

나는
두 눈 똑바로 뜨고
자꾸 발이 빠진다

다크서클이 사라지고 주근깨처럼 박힌 점들이 순식간에 행방을 감춘다. 거울을 바짝 대고 눈썹을 공들여 그린다. 오른쪽 왼쪽 최대한 평행으로

전철은 내달리고
컬링 집게로 속눈썹까지 바짝 말아 올린다
지금쯤 어느 환풍구에서는 뜨거운 바람이 솟구쳐 오르고 있겠지

누군가 부푼 치맛자락을 지그시 누르며 지나갈 동안
그녀는 마스카라를 두껍게 칠하고 있다

안국역에서 광화문역 사이에서는 루주를, 드디어 그녀의 아침은 붉게 밝아오고
나는, 나의
민낯과
누드가 아름다웠던 때를 아득히 떠올린다

야금야금 허리둘레가 늘어나는 순환전철 안에서
밀도를 높이는 끈끈한 친밀감, 그녀의 화장은 끝나지 않고
점점 속도를 높이는 더 먼 곳의 생각들

어제는 일곱 잔의 커피를 마셨고
아직 커피나무를 본 적 없다는 느닷없는 생각을 하는 동안
여자는 재빠른 볼 터치로 궤도 바깥으로 튕겨 나간다

그렇게 아무 일도 없었던 것처럼 지나가는 사람
곧 지나갈 사람들의
무심한 폭력

민낯이라는 무기로 그렇게 왔다 갔던 사람이 있었다

커피나무는 너무 먼 곳에 있고
민낯이 더 두껍고 무례하다는 것을 미처 알지 못했을 때였다

커피나무를 상상하지 않는
커피 한 잔처럼

그녀의 민낯을 보지 못한 오늘의 그 누군가가 위대해 보인다

제4부
구피와 타조

lock and lock 락엔락

다들 어딘가 들렀다 온 것이 분명하다
그렇게 흘러넘치고서야

발치를 내려다보는 계절

필요는

필요를 낳고

락엔락 통은 진화한다

흔들어도 뒤집어도 새지 않는 어느 정오의 식탁
여하튼, 밥만 먹고는 살 수 없는 듯
저마다 통 속에 담아 온 잉여의 시간

안팎의 온도 차는 최대한 말을 아끼도록 했을까

뚜껑이 열려도 속절없이 예의 바른
궁색한 시절

오래 밀폐되었던 냄새만
과장되게 풍긴다

젖지 않고
섞이지 않는

통과 통 사이로

철창 같은 기하학적인 바람이 분다

어디로 가나

모두 잘 가라고 배웅한다

군대에 가고 시집을 가고 이민을 가듯 그들도 가야 할 곳이
분명 있다는 듯

어디로 가나?

꽃인 듯,
꽃이 아닌 듯,

손톱 발톱도 없이 물가에 핀 오리나무 꽃들
초록을 모르는 연노랑빛으로
어디를 가나?

마을로 내려온 새끼 흑곰이 전봇대에 올라가
늘어지게 낮잠을 자다 깨어난
저녁 어스름, 깜짝 놀란 흑곰은 무사히 숲속으로 돌아갔을까?

귀가를 서두르는 바람결에

전파를 타고 들려오는 어느 먼 나라 동화 같은 이야기
갈 곳 없이 나부끼는
노란 리본
긴 행렬

물가로 내려가
종일 놓지 못한 끈끈한 손바닥을 씻는다
어서어서 잘 가라고
손짓하는 사람들

눈물 나게
신록이 아름다운
사월에

아, 어디로 가나!

우산이 많은 나라

'우산이요, 우산! 우산 사세요'

우산이 많아도 너무 많은 나라에서
발에 차이는 것이 다 우산인 나라에서

'우산이요, 우산! 우산 사세요'

폐업은 창업보다 익숙한 일, 만남과 이별의 패턴처럼
세상엔 똑같은 우산들이 너무 많지

체크무늬 우울보다 많지

로코코 로코코 빗방울이 떨어지고
로코코 로코코 우산을 쓰고 가는 아가씨

폭우도 패션인 그녀에게

그 순진한 청년은 우산을 핑계로 다시 만나자고 했지

헉! 헉!

수채화 붓질처럼 여름이 번지고

돌려주지 않아도 되는 우산은
이상한 나라의 돌림병처럼 거리에 퍼져나가지

무심히 집어 들고
무심히 버리는

비릿하고 가난한 추억들, 밤낮없이 구름 공장은 돌아가지

'우산이요, 우산! 우산 사세요' 누군가 소리치며 뛰어가고

저만치 여름은 흘러가지

우산이 많아도 너무 많은 나라에서

닭발 발톱을 깎는,

'닭'은 두 개의 받침으로 세워져
자칫 단순할 수 있는 생을 입체적으로 만들었다고나 할까

누군가 닭을 키운다면, 닭을 위해서라도 십중팔구 끝내는 일
그 짧은 생은
거룩한 제물로 이 땅에 온다

이름도 어여쁜 산호시장에서 수북이 쌓인 닭발을 보았다
한 꺼풀 벗긴 살갗이
새하얗게 질린 탱자꽃 같았다

표백제를 뒤집어쓴 듯 길게 갈라진 꽃잎들
허공을 잔뜩 움켜쥐고
최후까지
떠밀려오는 것

이쪽 바구니에서 저쪽 바구니로 휙 휙
던져지는 사이
발톱이 모조리 깎여 나간다

빽빽한 가시 울타리 넘어 흩날리는 탱자나무 꽃잎들처럼

닭집 마당 펑퍼짐한 햇살 속에서
몇 시간째 벌이는 그 무심한 일에는 묘한 카타르시스가
있다고나 할까

제물의 입체성을 완성하기 위해
완벽하게 해체되는 것들

해체될수록
우리의 상상력도 바닥나 버렸다
지극히 자연스러워 평화로운 풍경이 되어가는 것들

거룩한 제물이 더는 슬프지 않은 이유일 것이다

연애 세상

연애는

식어버린 연애는

삶은 달걀 같다

눈동자와 손가락 발가락,

둥근 무릎과 팔꿈치

그 모든 사랑스런 것들 태어나지 못하고

벌써 몇 년째일까

식은 달걀 두 개

물끄러미

접시 위에 있다

호수에 그림 하나

    수양버들 늘어진 호숫가로 자리를 옮겼다. 플라스틱 의자 하나를 옆 테이블에서 끌어왔다. 십수 년을 이어온 모임은 지난 몇 년간은 인원 변동이 없었다

    몇몇은 손차양을 하고 몇몇은 해를 등지고 앉아 배고팠던 시절의 오월은 최악이었다는 얘기를 했다. 그날은 오월의 마지막날이었다. 날씨는 무더웠고 지구온난화는 벌써 낡은 말처럼 들렸다. 우리는 수양버들의 '수'는 물 수水가 아닌 드리울 수垂라는 말에 잠시 흥미를 느꼈다

    도시 변두리 들판은 사시사철 축제다. 무리에서 떨어져 나온 개양귀비 몇몇이 호숫가에서 일가를 이루고 있었다. 햇살은 뜨겁게 퍼지고 우리는 엉덩이를 의자에 붙인 채 쿵! 쿵! 두 걸음쯤 옆으로 이동했다. 점심에 나눠 먹은 오리 두 마리가 다섯 명의 기름진 뱃속에서 살뜰히 사라지는 오후였다

    처음의 그들이 캄캄하다. 간간이 극지로 부는 바람이 있을 뿐, 오월은 망각하기 좋은 계절이 되었다. 개양귀비 홑겹 그늘이 물결에 흔들린다. 오소소 소름이 돋는다. 밀고 밀리는 궁극의 고요가 속임수처럼 얕다

크고 단단한

어항 속의 열대어들이 크고 단단한 먹이를 공처럼 굴리고 있다. 한 패거리 소년들이 해바라기 밭으로 우르르 몰려간다

머리통과 팔다리가 뽑힌 인형이 흙바닥에 나뒹굴고 있다. 악동들은 어른이 되어 돌아왔을까?

어느 천재 화가의 그림 앞에 붙들려 있다. 그는 삼킬 수 없는 무지의 시간을 굴리고 또 굴렸을까? 그늘진 땅에 떨어져 있는 누군가의 지울 수 없는 시간

어쩌면 그것은 그림이 불러온 나의 이야기, 단 한 번도 발설하지 않은 여섯 살 아이의 이야기, 암실에서 먹고 자던 사람의 이야기, 셔터를 누를 때마다 둥근 세상이 잘게 쪼개지는 이야기, 바닥에 널린 축축한 이야기

뒤늦은 속죄처럼 원시의 색채와 투박한 붓질로 수습한 그림은 액자 속에서 비로소 자유다. 태양과 해바라기와 악동들이 뛰어간다. 첨벙첨벙 그림자가 뒤따라간다. 그런데 이상하다. 바람이 없다. 뒤로 넘길 페이지가 없다

크고 단단한 그림은 벽에서 내려오지 않는다

꽃밭에서

그는
알처럼
잔뜩 웅크린 사람
골똘하고 또 골똘해서
새까맣게 돌이 되어버린 사람
무슨 생각 그리하시는지
허벅지와 성기 사이로
거미줄을 쳐도 모르네
웃지도 않고
찡그리지도 않고
로댕의 조각상처럼
생각하는 사람
나는 그를 포켓 사전처럼 훔쳐
꽃밭 깊숙이 감추네
일렁이는 꽃바람에
거미줄 한 줄 툭 끊어지고
굳은 관절 우두둑!
생각 서랍들 거꾸로 뒤집어
탁! 탁! 말끔히 비워내는

한낮의 즐거운 상상
매일매일
그는 생각을 쫓아다니고
나는 꽃밭 속에 감추고
부푼 바람 속에서
줄다리기
줄다리기
팽팽한

서울 가는 길

　터널을 통과하자 먼 시간을 단숨에 뚫고 온 듯 온통 새하얗다. 무슨 일일까? 짓궂은 천사가 둥근 테이블을 걷어차고 고개를 쭉 뺀 채 세상을 내려다보고 있다. 풍덩! 머리를 빠트린 곳만 눈 세상이다. 손바닥 뒤집듯 거짓말하는 하늘의 경계를 지나간다. 서울 가는 길은 늘 이 모양이다. 세상이 공평하다는 말씀은 언제 적 얘기일까. 산을 뚫고 질러가는 길에 들쭉날쭉 피는 생각들, 햇빛과 비는 더는 골고루 내리지 않는다. 위대한 신들의 그러데이션 기법이 사라진 지는 이미 오래전이다. 롤러코스터 같은 벼랑길, 단단한 머리는 말랑해질 때까지 조심해야 한다. 곳곳에 머리 조심! 팻말이 붙어 있다. 서울도 고향이 될 수 있을까? 사철나무 아래 연못이 꽁꽁 얼어붙어 있다. 물고기들이 보이지 않는다. '아, 너무 멀리 왔군!' 멀어질수록 가까운 시간 속 동그란 공간들, 고무 인형처럼 머리를 쭉 잡아 뺀다. 상향인지 하향인지, 전위인지 전쟁인지 혹은 다섯 살인지 쉰다섯 살인지 손에 덜렁덜렁 들고 있는 머리통에 물결무늬가 퍼진다. 온몸이 분홍색 멍이다.

우리 동네 사피엔스

재개발 아파트가 폭삭 뭉개진 자리에
새로운 품종이 자라고 있다

하늘 샛노랗게 넝쿨 감아올리더니
참외라 불리던 것이 과연 수박만큼 자라났다

아직 완성되지 않은 저 높이를 수박으로 떠올리는
계단들, 한계와 가능성 사이에서
안간힘을 쓰는
무수한 머리통들

참외가 참외를 낳고서야
계단이 계단을 낳고서야

저 높이에 다다를 수 있을까?
머리통을 한 계단씩 밟고서야 어느 천지간에

그러니까 우리 동네에도 드디어 폭발이 일어난 것이다
몇백 년을 일시에 끌어올리는 천재의 두뇌 같은

돌연변이들, 35층 높이에서

몽상에 젖어있는 참외, 아니 줄을 긋고 있는 수박
서울엔 123층 빌딩이 완공되었다는 뉴스가 흘러나오고

내 머리통으로는 도통 이름 붙일 수 없는 그 열매의
봄, 여름, 가을 그리고 겨울을 생각한다

죽을 때까지 성장을 멈추지 않는 이상한 열매는
도저히 따라잡을 수 없는 속도로
사람을 홀리고

우리는 어디까지 갈 수 있을까?
넘어지며 키가 큰다는 꿈속에 젖어

연신 침을 흘리는

계단, 계단들

서울 사람들

탈북자들이 토크쇼에서 서울말을 한다
북한 얘기를
서울 사람들처럼 말한다

여동생은 미국에서 십 년째 체류 중이다
키우던 고양이 두 마리는 열세 마리가 되었다
동생 가족은 그 고양이들을 전부 데리고 한국에 돌아올까

가장 끔찍한 상상은 사방으로 흩어질 가족들
받침이 허술한 말들에
평생 코르셋을 입히거나 단단한 깁스를 해야 한다는 것
얼얼하거나 간지럽게
그곳 사람이 되어간다는 것

한 줄로 가는 서울에서는 서울이 보이지 않는다
포물선을 그리며 가장 멀리 튕겨질수록
비로소
보이는 곳, 서울
서울 사람들

그곳도 고향이 될 수 있을까
참 낯선,

생의 마지막, 몇 년

꼬막 철이었다
한 움큼 남은 꼬막은 냉장고로 들어갔다
둘째 칸 깊숙이 떠밀려 까마득한 몇 날을 보냈다

그러니까, 그런 계절을 돌이켜보는 미래의 어느 날
생의 마지막 몇 년을
꼬막 신세와 다를 바 없었던 인류를 발견하게 될 것이다

안쪽에서는 열리지 않는 이상한 문들
바깥에서 힘껏 잡아당기면
시간을 거슬러 불어오는 서늘한 갯내

나는 너를 모르고 너는 나를 모르는
새까만 비닐봉지 속에서
눈이 사라지고 귀가 사라지고 입술이 사라지는 수만 갈래길

문이 닫히고, 문이 열리고
불이 꺼지고, 불이 켜지고

민망한 시선과 소란스런 고독
천천히 풍기는 냄새 같은,

오래전 그곳에는 너무 많은 요양원이 있었다
하늘 아래 첫 번째 방들

밀물 썰물 주름진 단단한 껍질
다시 한번
앙다문다

크고 단단한 2

감히, 크고 단단한 세계에 빠져있었다

위대한 화가의 명화 같은, 또는 잔혹 스토리처럼
끝내 지워지지 않는 상처까지

한 편의 시에 응축하려 했던 그 극단의 세계를 조롱하듯
무심히 지나치던 동공 속에
와락! 박힌

크고 단단한 두부

동네 슈퍼에 널린
포장 두부 속 크고 단단한 세계라니!

유년의 골목길을 다 빠져나가지 못한
어떤 비릿하고 고소한 냄새
단 한 번도 고향을 떠난 적 없는 그 친구의 여전한 허세처럼
골몰한 두부

뼈대 없는 순두부나 연두부에 비하면 말도 안 되게 크고
단단해서 마냥 철들지 않아도 살만한 세상

난생처음인 양 깜짝 놀라
뒤돌아보는,

시의 여정

제뷜, 에밀 놀데

제뷜! 제뷜은 지도에도 표기되지 않은 곳 누군가 끝말잇기로 제뷜! 외치면 그 자리에서 게임이 끝나버리는 곳 골목길 높은 축대에서 뛰어내리던 유년의 어느 마지막 점프처럼 베를린 장벽이 무너지는 곳 동독 땅 깊숙이 드넓은 목초지를 달려 동양인을 처음 보는 어느 제뷜 사람에게 제뷜을 물으면 네덜란드 땅이기도 했던 곳 전장의 포화 속에서 국경이 엿가락처럼 휘어지는 곳 바람과 구름과 노을이 정처 없는 곳 엎질러진 물감이 마르지 않는 곳 한국 땅에서 두루마기에 갓을 쓴 흑백사진 속 에밀 놀데! 말년엔 꼼짝없이 틀어박혀 지낸 곳 젊은 예수와 양볼이 새빨갛게 얼어붙은 아이들과 한데 엉겨 춤추는 곳 흰 자루 옷 들불처럼 펄럭이는 곳 매일매일이 성령강림인 곳 벙거지를 쓴 사내가 흑염소를 몰고 뒷골목으로 깜깜하게 사라지는 곳 언젠가 꼭 한 번 다녀온 듯 제뷜! 제뷜! 에밀 놀데 미술관이 있는 곳 숨은 그림 있는 곳

구피와 타조

두 개의 바다가 있습니다
하는 바다,
해 주는 바다,

두 개의 바다는 서로 아무런 상관없는
말하자면, 구피와 타조 같은 것입니다

당신의 관심이 어디에든 있고, 어디에도 없을 수 있지만

새끼를 낳는 열대어 구피와
여전히 알을 낳는 타조에 무슨 관심이나
어떤 상관이 있겠습니까만,

몸에서 알을 밀어낼 때
알을 깨뜨려 새끼를 내보내는 작은 물고기의 필살기에
뻐근한 통증이 밀려옵니다

어느 겨울밤 흰 눈이 펄펄 쏟아져 내리듯
알을 깨뜨리며 오는 저 연약한 것들의

단호한 결단과 승리들

도통 가능하지 않은 것들에 대한 각성과 환희
당신은 아직 피해의식에 사로잡혀 있나요?
부디 망가지거나 퇴화하지 마시길

끝끝내 멸종 없는, 거대한 생명의 줄기로 흘러가기 위해
오로지 선택의 순간만이 있었음을

내가 선택한
나의 삶이었음을

우리의 삶이 기꺼운 환희로 가득 차길 바랍니다

해설
이미지의 삶과 사랑의 시학

이미지의 삶과 사랑의 시학

김문주(문학평론가, 영남대 교수)

> 손닿지 않는 곳에서
> 환멸인 듯 쾌락인 듯 깜빡이는 것들,

1.

 롤랑 바르트는 『카메라 루시다』에서 사진의 본질을 '실존적으로 다시는 되풀이될 수 없는 것을 기계적으로 재생산하는 기능'으로 보고, 유일무이한 현장성과 명증성을 사진 예술의 가장 중요한 변별적 자질로 설명한 바 있다. 이러한 관점에 따르면 사진이 드러내는 것은 '예술'이나 '전달체계'가 아니라 대상물 자체, 혹은 특정 '장소/사건'인 셈이다.

 근대 미술이 내면과 표현으로 방향을 전환한 것은 사진 예술이 웅변적으로 실현한 이 강력한 명증성에 대한 차별의 욕망에서 기인하고, 이는 예술의 중심을 대상 사물에서 인식과 감각 주체로 이전함을 의미하는 것이었다.

 유희선의 『꽃의 온도』는 일상의 세계와 관련된 시인의 내면과 상상력이 주를 이루는 시집으로 정념의 동선動線을 자유롭게 드러내고 있는 시집이다. 전통적인 서정시들이 사물 대상을 형상화하며 화자의 정서를 노정하는 데 비해 그녀의 시들은 대상들에게서 촉발되거나 대상을 둘러싸고 생겨난 주관적인 내면을 주로 표현한다.

유희선의 시에는 사물 자체를 묘사하거나 화자의 시적 정념을 유발한 '어떤 현실'이 형상화되는 경우는 드물다. 바르트가 사진 예술의 특징으로 꼽은 명증성과 현장성이 그녀의 시에서 드러나는 경우는 별로 없다. 유희선의 시에서 사물은 시적 상상이나 상념의 도약대 정도로 활용되지만, 그 자체의 형상을 지속적으로 보존하는 사례는 찾아보기 어렵다. 그녀의 시가 갖는 회화적 성격은 사진 예술이 보여주는 명증성과는 상반된 지점에 속한 것이라 할 수 있다.

저기,

옆구리가 시린 물고기처럼

구름이 구름을 희롱하더니 배가 불룩하게 처져 있다

동여매지 않은 자루 끝이 새까맣다. 스치고 간 인연처럼

벼랑 끝 알들, 구름은 발끝까지 힘을 주어

알들을 깨뜨린다

펄 펄 펄

펄 펄 펄
펄펄펄

밤새 소리 없이 다녀간

함박눈처럼
　　　－「사랑은 구름처럼」 전문

　시인의 상상력이 돋보이는 이 시는 사랑을 구름과 함박눈의 서사로서 그려낸다. 구름이 모이고 무거워져 하늘에서 함박눈이 내리는 풍경은 시인의 작품에 빈번하게 등장하는 물고기의 이미지와 만나 사랑의 서사를 역동적으로 형상화한다.
　시의 소재가 되었을 구름과 강설의 형상은 특정한 시의 상황으로 재현되지 않고 이미지로서 차용되어 사랑의 정념을 환기하는 데 활용된다.
　통상의 서정시가 경험의 정황을 서정의 정념과 한몸으로, 혹은 그것의 일부로서 구성하는 데 반해 이 작품은 마치 저마다의 조각 같은 사물들의 형상을 시적 상황 속으로 불러들임으로써 사랑의 의미를 이미지로서 구성해 낸다. 그러한 점에서 이 시의 서정성은 특정한 순간에 현현顯現하거나 시적 발견인 에피파니epiphany의 형태가 아닌 이미지의 삶에 편만한 방식으로 시의 평면에 펼쳐져 있다. 이 작품에서 한 편의 애니메이션을 느끼게 되는 것은 이 시의 의미가 구체적 경험 현실이 아닌 구성적인 이미지의 삶에서 기인하기 때문이다.

연애는

식어버린 연애는

삶은 달걀 같다

눈동자와 손가락 발가락,

둥근 무릎과 팔꿈치

그 모든 사랑스런 것들 태어나지 못하고

벌써 몇 년째일까

식은 달걀 두 개

물끄러미

접시 위에 있다

- 「연애 세상」 전문

앞에서 살펴보았던 「사랑은 구름처럼」보다 유희선 시의 회화적 성격을 좀 더 직접적으로 보여주는 위의 시는 정물을 하나의 의미로서 구성하는 시인의 작법을 드러낸다.

'접시 위에 놓인 식은 달걀 두 개'를 "식어버린 연애"와 겹쳐놓는 비유의 상상력은 새로울 게 없지만, 그것에 특별한 깊이를 만들려고 욕망하지 않고 하나의 정물의 이미지로서 전시하는 방식은 그녀의 시가 지닌 한 특성을 단적으로 드러내 준다. 게다가 원관념을 먼저 제시하고 그것을 떠올리게 한 사물의 이미지를 결미에 배치하는 언술 구성 방식은 이 시인의 시적 사유나 작법이 직관적임을 시사한다.

2.

감각의 대상이나 경험 내용에 깊이를 만드는 천착의 형식이 아닌, 사물에 그것이 불러일으키는 정념을 겹쳐놓음으로써 이미지의 삶을 전시하는 방식은 사물을 대상화할 때 유희선의 시가 보여주는 한 특징이다. 그것은 정물화를 볼 때처럼 사물 자체보다 사물을 바라보고 이를 형상화하는 화가의 감각을 생각하게 한다. 이는 『꽃의 온도』에 빈번하게 등장하는 일상의 형상 방식에서도 확인할 수 있다.

 수양버들 늘어진 호숫가로 자리를 옮겼다. 플라스틱 의자 하나를 옆 테이블에서 끌어왔다. 십수 년을 이어온 모임은 지난 몇 년간은 인원 변동이 없었다

 몇몇은 손차양을 하고 몇몇은 해를 등지고 앉아 배고팠던 시절의 오월은 최악이었다는 얘기를 했다. 그날은 오월의 마지막 날이었다. 날씨는 무더웠고 지구온난화는 벌써 낡은 말처럼 들렸다. 우리는 수양버들의 '수'는 물 수水가 아닌 드리울 수垂라

는 말에 잠시 흥미를 느꼈다

    도시 변두리 들판은 사시사철 축제다. 무리에서 떨어져 나온 개양귀비 몇몇이 호숫가에서 일가를 이루고 있었다. 햇살은 뜨겁게 퍼지고 우리는 엉덩이를 의자에 붙인 채 쿵! 쿵! 두 걸음쯤 옆으로 이동했다. 점심에 나눠 먹은 오리 두 마리가 다섯 명의 기름진 뱃속에서 살뜰히 사라지는 오후였다

    처음의 그들이 캄캄하다. 간간이 극지로 부는 바람이 있을 뿐, 오월은 망각하기 좋은 계절이 되었다. 개양귀비 홑겹 그늘이 물결에 흔들린다. 오소소 소름이 돋는다. 밀고 밀리는 궁극의 고요가 속임수처럼 얇다

-「호수에 그림 하나」 전문

    앞의 두 편의 작품과 달리 이 시에는 구체적인 일상이 묘사되어 있다. 수양버들이 드리워진 오월의 호숫가에서 이루어진 모임의 풍경은 마치 영화 속 한 장면scene같다.
    영화 장면의 일부라면 꽤 그럴듯한 흥미로운 풍경이겠지만, 시의 언어로 그려진 장면은 이를 구성하는 모티프motif들의 사소함으로 인해 각별한 주의를 기울이지 않으면 그것의 의미를 발견하기 어렵다. 앞선 정물의 풍경과 달리 작은 서사를 담고 있는 시인의 작품들은 종종 평면의 이미지로, 충분히 표현하기 어려운 시간의 테마, 우리 속에 기숙한 권태로운 일상과 삶의

가벼움을 별것 아닌 것처럼 보이는 장면 속에 무심한 듯 펼쳐
낸다. 무의미한 것처럼 느껴지는 모임 구성원들의 행태를 소상
하게 그려내는 언어의 세필, 이를테면 "수양버들의 '수'는 물 수
水가 아닌 드리울 수垂라는 말에 잠시 흥미를 느끼"거나 "엉덩이
를 의자에 붙인 채 쿵! 쿵! 두 걸음쯤 옆으로 이동하"는 일행의
모습, 게다가 그것을 묘사하는 이들 언어의 유려한 리듬은 저
"개양귀비 홑겹 그늘"처럼 가볍고 얕은 삶을 환기시킨다.

시인은 "속임수처럼 얕"은 일상의 일천함, 그럼에도 한없이
고요한, 저 견딜 수 없는 삶의 가벼움을 무심한 언어의 풍경으
로 그려낸다. "오소소 소름이 돋는다"라는 진술은 이 시가 묘사
하는 저 호숫가의 정경에 관한 화자의 유일한 반응으로, 이는
시 전체의 배경을 이루는 "밀고 밀리는 궁극의 고요" 저 수면의
평면적 관성에 대한 자각의 감각적 표현인 셈이다.

이번 시집에 적잖은 시편들이 공유하고 있는 삶에 대한 이러
한 생각과 그것을 표현하는 시작 방식은 유희선 시의 독보적
개성을 보여주는 지점이다.

자신의 좌석에 앉아 잠든 '앳된 군인' 곁에서 블라인드를 차
마 올리지 못하고 고민하는 화자의 내면과, 아동문학 분야의 신
춘문예를 준비하는 기성 시인의 에피소드를 교차로 배치하고
있는 「블라인드」 역시 이른바 근사한 시적 표현이나 서정적 발
견 없이 사소한 일상의 국면들을 기술한다. 이 시가 형상화하
는 일상과 내면의 가벼움은 그 사소함을 오히려 소상하게 그려
내는 세필의 언어를 통해 증폭된다. 별것 아닌 일에 보이는 내

면의 과민過敏과 "장르를 바꿔가며 증식되는" 욕망은 모두 일상의 무료와 삶의 무의미를 반증해준다. 아동문학 신춘문예를 준비하는 시인의 목소리 "뭐 할 게 없잖아요?"로 직접 발화된 생의 무의미함은 『꽃의 온도』를 관통하는 중요한 테마라고 할 수 있다. 이번 시집에 빈번하게 등장하는 물과 바람의 상상력 역시 이와 관련되어 있다.

> 사람과 짐승에서 번진 꽃들의 맹렬한 전쟁/태양을 움켜쥐고/꿀꿀꿀꿀/닥치는 대로 먹어치운다. 최초의 선의는 모두 사라지고//수면 위에는 햇빛 한 줌, 바람 한 점 닿을 수 없는/거대한 꽃의 장막이 드리워졌다 (…) 검은 물속에서 들끓고 부유하는//오! 뉘우침이 없는 곳
>
> ―「부레옥잠」 부분

> 미동조차 없는 물고기를 급하게 수조에 넣어주자 거짓말처럼/헤엄을 친다//몸은 죽고 감각은 살아 있는,/피는 차갑고 지느러미는 뜨거운,
>
> ―「오늘」 부분

연못에 가득한 부레옥잠에서 성서에 등장하는 에피소드, 예수에 의해 쫓겨난 귀신들이 돼지떼로 들어가 물로 추락하는 내용를 떠올리는 시인은 "닥치는 대로 먹어치우는" 부레옥잠의 도저한 욕망을 목도한다. 부레옥잠은 연못을 그럴듯하게 만들

고 꽃을 아름답게 틔우는 식물이지만 무서운 생명력과 번식력으로 "거대한 꽃의 장막"을 이루는 연못 생태계의 파괴자이다.

시인은 부레옥잠에서 "들끓고 부유하는" "서둘러 가는" 관성을 본다. 여기에서 "검은 물속"은 그러한 관성이 아무런 "뉘우침이 없"이 이루어지는 곳이다. "들끓고 부유하는" 그 맹렬한 욕망을 시인은 수면 아래 "검은 물속"에서 본다.

이 시에서 주목할 만한 대목은 "팽팽하게 부풀어 올"라 수면 전체로 퍼져가는 부레옥잠을 보며 던지는 "서둘러 가는 곳 어디인가"라는 물음이다. 물론 이는 직접적으로는 부레옥잠의 무한증식 욕망에 대한 비판이지만, 한편으로는 그러한 현상이 환기하는 욕망의 관성에 대한 반성이다.

실제로 이 시집에는 "아, 어디로 가나"(「어디로 가나」) "어디로 가야 하나"(「자화상」) "어디로 가야 할까"(「오늘」) 등 삶의 방향에 관한 물음이 곳곳에서 반복되어 나타나는데, 이는 일상의 무의미와 그것을 지속하는 관성적 삶에 대한 회의의 일환인 셈이다.

이번 시집에 자주 등장하는 관상어-구피는 이러한 문제의식을 드러내는 중요한 소재 중 하나로서, "수조에서 튀어나와 바닥에서 요동치"다 "미동조차 없는 물고기"가 수조에서 "다시 헤엄"치는 모습을 그린 「오늘」에는 "피는 차갑고 지느러미는 뜨거운", 즉 "몸은 죽고 감각은 살아 있는" 상태, 살아 있지만 사실은 죽은 것이나 매한가지인 "생과 사의 무수한 착각들"이 지배하는 일상에 대한 성찰이 자리하고 있다. 이러한 문제의식은 물고기 소재를 연장한 다음 시편에도 유사하게 작동한다.

> 그러니까 사랑도 없이 태몽인 듯, 아닌 듯/우리 사이에 수면이라는 것이 태어났지//안녕!/안녕!//거울처럼/겨울이 멈춰 있네//겨울과 거울 사이 이상한 계절에 대해/그 계절의 집요함에 대해 더는 물어볼 수 없는 일//뜨거워지지 않는 입술로/안전하게 닮아가는 거울일지도//그렇다고 거리의 붕어빵이 사라지지도 않지/지칠 줄 모르는 청춘처럼/뜨겁게 돌아가는 틀 속에서 습관적으로 피어나고/갈등 없이 피어나고//찰랑찰랑/수면 위로 튀어 오르는 저 뜨거운 낭만들//반짝 날린 눈발처럼/아무 일도/없었던 것처럼
>
> ―「붕어빵은 길에서 먹어야 맛있다」 부분

이 시는 뜨겁고 활기찬 동적 이미지와 "겨울과 거울"로 상징되는 차갑고 정적인 이미지들로 구성되어 있다. "호호 불어가며 길거리에서 먹어야 제맛인" "거리의 붕어빵"은 "수면 위로 튀어 오르는 뜨거운 낭만들"로, 그것은 "돌아가는 틀 속에서 여전히 습관적으로" "갈등 없이 피어나"지만, 우리들은 저 "안녕!"이라는 말로 상징되는 형식적이고 사랑 없는 관계에 갇혀 있다. 수면 위는 뜨겁고 활력 넘치지만, 보이지 않는 아래에서 펼쳐지는 "거울처럼" 멈춰선 "겨울" 그 "이상한 계절"은 우리들이 살아가고 있는 일상과 삶의 세계이다.

『꽃의 온도』에 수록된 물과 관련된 많은 시편들은 이러한 주

제의식과의 연관 속에서 형상화된다. "찬란한 빛 모두 사그라져" "썩은 냄새가 날 때까지" "물이 벌이는 고요한 분주함" 그 "물속의 일들"(「사랑」)은 바로 "틀 속에서 여전히 습관적으로" 진행되는 우리들의 삶이자 "헌것 같은 새것들" "새것 같은 헌것들"(「USED」)의 세계이다.

유희선의 시를 관류하는 '사랑'에 관한 다양한 형상들은, 궁극적으로 활력과 의미를 상실한 이러한 삶을 돌이키고자 하는 염원이며, 그것은 사랑의 결여 상태를 회복하는 일일 터이다.

> 마치 아무 일도 없었던 것처럼, 만남과 헤어짐은
> 식탁에서 식탁으로
> 거울의 충실함으로 그곳에 나타나고 사라지고
>
> 단지 말하지 않았을 뿐,
> 방문을 닫고 돌아가는 긴 이별에 대해
> 문틈으로 새어 나오는 별빛에 대해
>
> 뒤돌아보면
> 나는 당신의 가장 드높은 곳에서
> 한 걸음 더 내디딘 사람, 오히려 그 모두가 기적이었음을
>
> 저문 밤
> 바람 따라 흘러가는 구름의 몸짓 같은
>
>   - 「각방」 부분

시는 "도망칠 궁리를 하는" 우리의 각방의 일상을, "마치 아무 일도 없었던 것처럼" "식탁에서 식탁으로" "거울의 충실함"으로 "나타나고 사라지"는 "구름의 작당"으로 그린다.

우리의 삶이 "쥐도 새도 모르게 도망칠 궁리를 하는" "구름의 작당"이라니. 얼마나 쓸쓸한가, 한때 "나는 당신의 가장 드높은 곳에서 한 걸음 더 내디딘 사람"이었건만. 시인은 일상에 기숙한 고립의 관성, 그 속에 잠복한 쓸쓸함을, 참으로 아이러니하게도 "방문을 닫고 돌아가는 긴 여행"이라는 표현 속에, "문틈으로 새어 나오는 별빛"에 대한 시선과 묵언으로 처리한다.

생각해보면 잃어버린 사랑의 회복이란 얼마나 뻔한 염원이며 공소한 바람인가. "말하지 않았을 뿐이지만" 말한다고 달라질 게 있겠는가. 이를 어찌 말하겠는가.

3.

유희선의 시에 자주 등장하는 소재는 화가들과 시 쓰기에 관한 것이다. 에밀 놀데, 에곤 실레, 장 오퀴스트 도미나크 앵그르, 디에고 리베라, 모네, 피카소 등, 화가들은 단순 소재로서 등장하기도 하지만 일상을 새롭게 바라보고 삶의 기억을 환기하는 장치로서, 그리고 예술에 관한 생각을 감각적으로 사유하게 하는 대상으로 기능한다.

이를테면 피카소에게서 "거룩한 것도 속된 것도" 따로 없다는 진실을 배우고, 그래서 "하나의 시선에 너무 오래 붙들려 있"는 자신의 고정관념과 무지를 반성한다. 하여 예술이란 "너머를 향한 멈출 수 없는 몸짓"과 "한곳에 머무르지 않는 바람의 영역"이며, 궁극적으로 "지상을 박차고 날아가는 유쾌한 창조"(「무늬」) 작업이라는 인식에 도달한다.

 시나 시작詩作에 관한 유희선의 작업이 좀더 경쾌하고 유연할 수 있는 것은, 흔히 문학의 매재媒材인 언어에 대한 의미意味 과잉으로부터 유희선의 시가 상대적으로 자유롭다는 데서 기인하며, 이는 그녀의 시작이 그림에 대한 감각적 체험과 긴밀하게 연관되어 있기 때문일 것이다. 그림이 세계에 대한 진실에의 탐색일지라도 이는 본질적으로 붓을 들고 손을 움직여 하는 감각적 작업인 것이다.

  시란 그런 것인지도 몰라
  한 방울의 기름도 바닥에 흘리지 않고, 오직 놀랍도록 신기
 한 것은

  내게 없는 아름다운 것

  세상엔 참기름 같은 것이 너무 많아서
  작고 투명한 병에 부지런히 옮겨 담게 되었지

  시장에 나가 장바구니 가득 담아온 것들을
  냉장고에 옮기고, 또 당신의 네모난 도시락 통 속에
  삼십 년을 옮겨 담으니

> 나는 매일 아침 시를 생각해
>
> 칸칸마다 넘치지도 부족하지도 않은 찬들을 넣으며
>
> 우리의 삶과 사랑과 시가
>
> 소꿉장난처럼
>
> 재밌고도 지루한 놀이라는 것을
>
> 누가 이토록 많은 병을 만들었을까?
>
> 무엇인가를 옮겨 담을 때에는 흔들리면 안되는 병들, 오로지
>
> 서로에게 사로잡혀 몰두해야 한다는 것을
>
> 숨죽여야만 한다는 것을
>
> — 「시」 부분

시는 "내게 없는 아름다운 것"이란 생각, 그것은 "들판의 깨를 털고 볶아 참기름병에 옮겨 담듯이" "매일 아침" "당신의 네모난 도시락 통 속에" "칸칸마다 넘치지도 부족하지도 않"게 "찬을 넣는 일"과 비슷한 일이다. 도시락 반찬통의 칸들을 채우는 작업은 "몰두하"고 "숨죽여야만 하는" 일이니 그것은 "서로에게 사로잡혀" 하는 사랑과 흡사하다. 시 쓰기를 삼십 년 동안의 일상에 비유하다니, 그러하니 시 쓰기는 "우리의 삶과 사랑"처럼 "재밌"는 일이지만, 한편으로는 "지루한 놀이"이기도 한 것이다. 시인의 말마따나 "삼십 년을", 몰두하고 숨죽이며 이어가는 재밌는 사랑이 있긴 하던가.

앞서 언급한 것처럼 유희선의 시편들에는 활력에 대한 동경과 처음에 대한 그리움, 그리고 결여된 사랑을 회복하고자 하는 열망이 곳곳에 내재되어 있다. 그녀의 시편에 편만한 일상의 관성이나 무의미성에 대한 회의는 '지느러미'와 '날개'로 상징되는 생명력에 대한 동경과 "나의 소명"(자화상)에 대한 각성의 열도를 반증한다.

「가로등이 많은 동네」에서 시인은, "너무 많은 것이 되어가는 것들" "구분할 수 없는 것들" "이름 없는 것들" "탈이 나는 것들" "다급한 것들" "속이 까맣게 타들어 가며 점멸하는 것들" "비로소 발견되는 것들" "길을 잃지 않으려 매달려 있는 것들" "바람 잘 날 없이, 이미 충분한 것들" "이미 사랑받기를 포기한 것들" "손닿지 않는 곳에서 환멸인 듯 쾌락인 듯 깜빡이는 것들" "한낮에는 발견되지 않는 것들" "이빨이 들어가지도 않던 것들"을, "그 많은 시"라고 호명한 바 있다.

이렇게 많은 것들 속에 시가 있다니, 시인의 사랑이 그녀의 시를 구원할 것이니. 사랑이여 그녀의 시에 사로잡혀, 부디 몰두하고, 숨죽이기를…

"햇빛과 바람을 살갗 속에 들이는 꽃이여, 사랑이여"
(「꽃의 온도」)

유희선 시집

꽃의 온도

발행일 2023년 12월 5일
지은이 유희선
발행처 김리아
　　　　　불휘미디어
　　　　　경상남도 창원시 마산합포구 오동동10길 87
　　　　　(055) 244-2067
　　　　　2442067@hanmail.net

가격 12,000원
ISBN 979-11-92576-33-6 03810

*이 책은 경남문화예술진흥원의 문화예술지원을 보조받아 발간되었습니다.